this book belongs to

_____

YEAR

MONTH

DAY

YEAR

MONTH

DAY

YEAR

MONTH

DAY

YEAR

MONTH

DAY

YEAR

MONTH

DAY

YEAR

MONTH

DAY

YEAR

MONTH

DAY

YEAR

MONTH

DAY

YEAR

MONTH

DAY

YEAR

MONTH

DAY

YEAR

MONTH

DAY

YEAR

MONTH

DAY

YEAR

MONTH

DAY

YEAR

MONTH

DAY

YEAR

MONTH

DAY

YEAR

MONTH

DAY

YEAR

MONTH

DAY

YEAR

MONTH

DAY

YEAR

MONTH

DAY

YEAR

MONTH

DAY

YEAR

MONTH

DAY

YEAR

MONTH

DAY

YEAR

MONTH

DAY

YEAR

MONTH

DAY

YEAR

MONTH

DAY

YEAR

MONTH

DAY

YEAR

MONTH

DAY

YEAR

MONTH

DAY

YEAR

MONTH

DAY

YEAR

MONTH

DAY

YEAR

MONTH

DAY

YEAR

MONTH

DAY

YEAR

MONTH

DAY

YEAR

MONTH

DAY

YEAR

MONTH

DAY

YEAR

MONTH

DAY

YEAR

MONTH

DAY

YEAR

MONTH

DAY

YEAR

MONTH

DAY

YEAR

MONTH

DAY

YEAR

MONTH

DAY

YEAR

MONTH

DAY

YEAR

MONTH

DAY

YEAR

MONTH

DAY

YEAR

MONTH

DAY

YEAR

MONTH

DAY

YEAR

MONTH

DAY

YEAR

MONTH

DAY

YEAR

MONTH

DAY

YEAR

MONTH

DAY

YEAR

MONTH

DAY

YEAR

MONTH

DAY

YEAR

MONTH

DAY

YEAR

MONTH

DAY

YEAR

MONTH

DAY

YEAR

MONTH

DAY

YEAR

MONTH

DAY

YEAR

MONTH

DAY

YEAR

MONTH

DAY

YEAR

MONTH

DAY

YEAR

MONTH

DAY

YEAR

MONTH

DAY

YEAR

MONTH

DAY

YEAR

MONTH

DAY

YEAR

MONTH

DAY

YEAR

MONTH

DAY

YEAR

MONTH

DAY

YEAR

MONTH

DAY

YEAR

MONTH

DAY

MONTH

DAY

YEAR

MONTH

DAY

YEAR

MONTH

DAY

YEAR

MONTH

DAY

YEAR

MONTH

DAY

YEAR

MONTH

DAY

YEAR

MONTH

DAY

YEAR

MONTH

DAY

YEAR

MONTH

DAY

YEAR

MONTH

DAY

YEAR

MONTH

DAY

YEAR

MONTH

DAY

YEAR

MONTH

DAY

YEAR

MONTH

DAY

YEAR

MONTH

DAY

YEAR

MONTH

DAY

YEAR

MONTH

DAY

YEAR

MONTH

DAY

YEAR

MONTH

DAY

YEAR

MONTH

DAY

YEAR

MONTH

DAY

Made in the USA
Monee, IL
18 August 2023

41249816R00052